こどもたちへ

夜回り先生からのメッセージ

水谷 修

Osamu Mizutani

こどもたちへ

はじめに

自分で生まれたくて、生まれる人はいません。
親や境遇を選んで生まれることはできません。
死にたくなくても、死はすべての人にかならず訪れます。
生と死は暴力です。誰も逆らうことはできません。
でも生と死の間、つまり自分の人生をどう生きるかは自由です。

あなたは生きています。
生きているというだけで、幸せになる資格をいつも持っています。
そしてこれからどうやって幸せを作っていくか、

その最大の目標に取り組むことができます。
苦しいこともありますが、かならず救いはあります。
今うまくいかないだけであって、
これから可能なかぎりの楽しいことを見つけられるんです。

生きてください。
何があっても生きぬいてください。
そしていつまでも、
自分が幸せになることをあきらめないでください。

夜回り先生。
いつの間にか、私はそう呼ばれるようになっていました。

いつも夜の街を歩き回り、路上で見かけた子どもたちに声をかけています。それは「子どもたちを救うために」などという大げさな理由ではなく、ただ黙って子どものそばに立ち、彼らの話をゆっくり聞くためです。子どもと話すことが好きで、私にとっての〝夜回り〟は私と、夜の街に沈んでしまいそうな子どもをつなぐ細い糸です。

14年間、夜の街を歩きつづけました。その夜の街で、29人の子どもを失いました。夜はほとんど寝ていません。忙しいせいもあります。でも本当は眠ることができないんです。ふとんで横になって目をつぶると、子どもたちの「もっと生きたいよ」と訴える声と、親たちの「私の子どもを返して」と泣き叫ぶ声が聞こえてきて、とてもつらいのです。

一方で毎晩、電話やメールで哀しい相談が届きます。死にたい死にたい、なんで死んじゃだめなの。その数は14万人を超え、今もなお増えつづけています。人生は一方通行で、一度きりしかなく、死を選べば後戻りできません。なのになぜそう簡単にあきらめてしまうのか。私は悔しくてたまりません。

死にたいと思って、生まれてくる人はいません。死にたいと思う人には、それだけの苦しみがあるのでしょう。もしかするとそういう苦しみは、程度の違いこそあれ、誰でも感じることがあるのかもしれません。でも命は尊いものです。子どもはかならず幸せに生きなければいけない。そう信じている私が、ふだん子どもたちに語りかけていることを、そしてこれからよく覚えておいてほしいことを書きました。

残念ながら、私にはあまり多くの時間が残されていません。
でも言葉や想いは残せるものだと信じています。
この本は私が残しておきたい、伝えておきたいことのすべてです。

こどもたちへ

苦しみたい、哀しみたい、死にたい、
人を傷つけたい、殺したい、
そう思って、生まれてくる子どもはいません。

楽しみたい、笑いたい、安心したい、
人と話したい、遊びたい、仲良くなりたい、
人を愛したい、愛されたい、
そう思って、疑いなく信じて、
みんな生まれてくるんです。

過去になにがあってもいい。

どんな失敗をおかしても、どれだけひどい目にあったとしてもいい。

まずは自分をしっかり抱きしめ、自分を許してあげてください。

苦しみからは逃げればいい。そして新しい人生を作ればいいんです。

もういちど赤ん坊に戻って、いちからやり直してみましょう。

いざとなれば、かならずあなたを心配してくれる人が現れます。


過去のことで苦しんでも仕方ありません。

つらいけど、過去はすべて受け入れるしかないんです。

罪を犯しても、受験に失敗しても、失業してもいいんです。

現実を「いいんだよ」と認めて、またいちから勉強したり、仕事をはじめたり、罪をつぐなったり、なんでもいいからやってみましょう。

待っていてもいいことはありません。

あなたは今日生まれたての赤ん坊です。
新しい明日を作るために、今日から動きだしてください。

つらいとき、哀しいときは
人のために何かしてみましょう。
まわりに優しさをくばってみましょう。

みんなの笑顔が、あなたの哀しい心を癒してくれます。
人のために生きることが、これからの自分のためになります。
「ありがとう」と言われることが、あなたの生きる力です。

自分にこだわるのはやめましょう。

「死にたい」「夢を失った」「もう私なんてダメだ」

そう思うのは、自分のことしか考えていない証拠です。

過去を引きずって、今の自分が許せなくて、どうせダメだと思い込んでいます。

まわりを気づかう余裕がないんです。

それを私は〝自分病〟と呼んでいます。

でもそんなとき、人に親切にして、その人から「ありがとう」と言ってもらう。たったそれだけのことで、どれほど気持ちが救われることか。

ある子どもはお父さんの靴を磨き、その翌日お父さんはケーキを買ってきてくれました。ある子どもはお年寄りのおむつをかえて、お年寄りは泣きながら手を握りしめてくれました。

その子たちは人から必要とされていることを実感し、うれしくてたまらない気持ちになりました。


人は、人とのかかわりの中でしか生きられません。人とのかかわりでは、憎しみには憎しみが、優しさには優しさが返ってくるものです。

そして生きる力とは、あなたの優しさが、誰かの優しさとして返ってきたときに、初めてわいてくるものなんです。

まずは自分から、人に優しさをくばってみませんか。

死は人に語るものではありません。
死は考えるだけ無駄です。

人はかならず死にます。
死は自然に受け入れるものです。
語るものではありません。
語ってもどうしようもない。
過去の自分も含めて、
すべてを受け入れてください。

生きたくても、生きられないたくさんの子どもがいます。

飢えに苦しんだり、戦争におびえたり、家庭内暴力を受けながらも、なんとか生きぬこうとして、それでも命を失ってしまうたくさんの子どもがいます。


悩んでいる子どもたちに伝えたいです。苦しいのはわかります。でもあなたは生きています。明日があります。明日を自分の力で作ることができます。

生きたいのに生きられない子どもたちの苦しみを受け止めてあげてください。

そして彼らの分までしっかり生きてほしい。

今悩んでいる時間を、どうか明日のために使ってください。

過去の出来事は忘れてください。
過去を変えることはできません。大切な今を、過去で台無しにしないでください。
悩んでいることはなんでも、ちょっとそのままおいて、楽しいことを探しましょう。
生きていればかならず目標が見つかります。
その目標のために、明日のために、今の時間を使ってください。
今を苦しまず、明日を求めましょう。お願いです。

心のつらさは、外に出しましょう。
走ってもいい。叫んでもいい。
心に抱え込むことだけはやめましょう。

頭の中だけで考えることには、かならず嘘があります。
でも今動き出すことは真実です。
とにかく動いてみましょう。

人は悩むと立ち止まり、考え込んでしまうものです。しかし悩みについていくら考えても、そこからはまた別の悩みしか生まれません。

そんなときは外に出てください。

空を見上げて雲や月を眺めたり、きれいな花を探してください。耳を澄ませて、いろんな音を聴くのもいいです。風の音、鳥の声、なんでもかまいません。美しいものはどんな場所にも存在し、あなたを安心させてくれるでしょう。

自分の意識と、外の世界との関係を強くしてください。意識を自分の中に閉じ込めると、心がパンクしてしまいます。もしも外出できないなら、本を読んでもいい。映画を観てもいい。なるべく外の世界に触れてください。

人はかならずといっていいほど、言葉でものごとを考えます。でも言葉は道具にすぎず、決して真実ではありません。「愛」という言葉は、愛を表していません。好きな人に求めるのは、「愛している」という言葉ではありません。そばにいて、しっかり包み込んであげるのが本当の愛でしょう。

あなたは頭や心だけではなく、からだという大切なものを持っています。ほとんどの人は、そのことを忘れているような気がします。からだを使ってください。言葉を捨てて、動いてください。疲れ果てるまで。

誰かを頼っても、寂しさをなくすことはできません。
一時的に救ってもらっても、
いつかかならず失望するときがくるでしょう。
あなたにとって、その人は階段の一段です。
まずはそれを踏み、
あとは自分の力で自分の行きたい場所に向かって
歩いてください。

誰もあなたを一生は支えきれません。
一歩を踏み出した後は、ひとりで歩いてください。
寂しさは、自分自身で乗り越えるしかないんです。

悩むと自分を捨てて、誰かに依存しようとします。

しかし親友や家族、恋人に自分をゆだねても、相手は自分が思うように助けてくれるわけではありません。

相手にも、相手の人生があります。

その人にもその人なりの悩みがあり、あなたのためだけに生きることはできません。それでもあなたは次第に、相手が優しくしてくれないと「捨てられた」「嫌われた」と思い込み、さらに自分を責めるようになります。そんなあなたを見て、相手も傷ついてしまいます。

厳しいですが、救いは自分の中にしかないし、自分で手に入れるしかないんです。手をさしのべてくれたり、背中を押してくれる人はいるかもしれません。

でもそれ以外のことは誰にもできないんです。
人に依存することはやめて、まわりに思いやりをくばりはじめましょう。

自分と他人をくらべないでください。
くらべるのは、くらべることで楽になれると思い込んでいるからです。
あの子にくらべたら、私はまだ幸せなんじゃないかって。
でもそれは無意味です。

悩みを乗り越えるには、
自分から何か行動を起こすしかありません。
思い通りにいかない現実に、
腹を立てたり、
哀しんだりすることもあるでしょう。
それでもその現実に向かって、苦しみを越えてください。

寝たきりの子ども、歩けない子ども、杖をつく子どもがいます。

彼らはどれだけ悩んでも、歩いたり、飛んだりすることはできません。

自分の障害は受け入れるしかありません。

不便だし、これからもずっとそうです。

それでも、どれだけ不便であっても、人生全体が駄目になるわけじゃない。それが障害です。いろんな不都合があっても、それを受け入れて、可能な限りの幸せを求めることができます。

誰ともくらべようのない人生を作ることもできます。


あなたは世界にたったひとりしかいない、大切な人です。

自分の能力も外見も、過去もすべて受け入れてください。

自分は自分。人は人です。

誰ともくらべないでください。

どうしても他人とくらべたかったら、優しさでくらべましょう。
誰にも負けないように、みんなに優しくしてください。

悩みは見せるものです。
苦しみは叫ぶものです。
それを隠して抱え込めば、
さらに苦しみ、
悩みます。

弱い自分を見せてください。
ひとりでも多くの人に見せてください。
そのときに優しく受け止めてくれた人が、
あなたの本当の友だちです。

ひとりで苦しまないでください。

友だちに迷惑をかけたくない、親に心配をかけたくないと思う気持ちはわかります。でもこれは間違った優しさで、結果的に友だちや親を傷つけてしまいます。

誰も信頼していないという証拠だからです。


つらいときは下を向いて、困った顔をするか、少し泣いてください。

絶対、無理に我慢しようとしないでください。

何も言葉が出てこないなら、とにかく哀しい顔をしてください。

苦しいときはなるべく多くの大人にその事実を伝えてください。

誰かに伝える勇気を持ってください。

いじめにあっている事実、暴行を受けている事実、カツアゲされている事実を、先生や親、近所の大人たちに、自分の口から伝えてください。

自分を傷つけてもいいんです。それは心の叫びだから。

でも隠さずに、あなたの信頼できる人の前で傷つけてください。その傷を必死に見せてください。きっとあなたを抱きしめてくれる人が現れます。その出来事があなたの人生を変えてくれます。

逃げる勇気を持ちましょう。
苦しいときは、すべてを捨てて逃げること。

訴える勇気を持ちましょう。
苦しいときは、大声で苦しいと訴えること。
どちらも立派な行動です。

欲しいものは、なんでも手に入るわけではありません。
求めることを、人がなんでもやってくれるわけではありません。
我慢はとても大事です。
でも、必要のない我慢もあります。
暴力からは逃げるべきです。
病気は訴えるべきです。
継続する苦しみは、絶対に我慢してはダメです。
風船に水を入れつづけることはできません。
我慢をつづけていれば、心もいつか壊れてしまいます。
環境が生み出した心の病を解決する一番の方法は、環境を変えてしまうこと。
いちど試してみてください。

今、不幸を感じている人は、
人に対して何も語らないでください。
悩みを語り合うことは、不幸の連鎖を生むことになります。
幸せな人にしか、人を幸せにすることはできません。

幸せはきちんと伝染します。
自分が幸せになれば、かならず誰かに幸せをもたらします。

優しい人は、悩みが多いものです。悩んでいる人の相談に乗って、一緒に考えてあげる機会が多いからです。

それはとても素晴らしい行動です。

でも、悩んでいる人同士が語り合い、一緒に悩んでしまえば、そこに希望はありません。

お互いの悩みを重ね合わせ、さらに大きくしてしまいます。

不幸の連鎖はいつもどこかで起きていて、多くの子どもの命を奪っています。


人は寂しい存在です。

だから仲間を求めます。

それも自分と同じように寂しがっている仲間を求めます。

でもそこに救いはありません。

寂しさは、寂しい者同士が語り合っても、癒せるものではありません。

寂しい。

それではいけませんか。人はひとりで生まれて、ひとりで死んでいくんです。寂しさは人間の宿命だと私は考えます。受け入れるしかないんです。

でもいつも寂しいわけではありません。人のために何かすれば、いつか多くの笑顔や喜びと出会えます。

誰かに幸せになってもらうには、まず自分が幸せになること。そしていっぱいの笑顔を、相手に見せてあげることです。

幸せはまわりから作られるものではなく、
自分の想いによって生まれるものです。
だからどんな状況でも、
自分で作り出すことができます。
その想いをどれだけ持っているかによって、
自分の価値が決まります。
人間っていいものなんです。

もしうまくいかなかったら、

少しイメージチェンジしてみませんか。
いつもより明るい色の服を着てみてもいいし、
ちょっと派手な口紅を塗ってみてもいい。
そして外に出て、顔を上げて歩いてみませんか。
太陽の下を、木々の間を、澄んだ空気の中を。

心が沈むと、からだまで沈んでしまいます。

何をする気力も失せて、自分で自分を追い込みます。

哀しいことを、哀しい気持ちで考えて、哀しみを倍増させてしまう。

ならばいっそのこと考えるのを一切やめて、外に出かけてみませんか。


顔をしっかり上げて、手を大きく振って、大またで歩いてみませんか。ときどき走ったり、立ち止まったり、しゃがんでみたり。３６０度見回しながらまわりを観察してみませんか。きっとちがう世界が見えるはずです。あなたのまわりをいろんな人が通り過ぎていきます。

幸せそうな顔、疲れた顔、笑っている顔、怒った顔…世界はつねに動き、とどまることがなく、あなたはその中心で動いているんです。

立ち止まらずに、前に進んでください。

明日は、今日とはちがう日です。

明日のことを考えるのはやめましょう。
ただ、眠ればいいんです。

明日は自然にやってきます。
目覚の先は明日です。
そこから新しい一日が始まり、
あなたは新しく生まれ変わります。

明日のことを考えて、不安を感じる人がいます。
まだ来てない明日のことで悩む。
それが何になるんでしょう。

ある女の子は、妊娠中絶した自分を許せず、自殺をはかりました。
私は言いました。
それは君のぜいたくです。君のわがままです。
自分を追い込むことで、罪の意識から自分勝手に逃げようとしているだけです。
まずは罪をつぐないましょう。
そして恋愛しましょう。
人を愛しましょう。
結婚しましょう。

今度は、かわいい赤ちゃんを産みましょう。
亡くした子どもの分まで、その赤ちゃんを愛しましょう。
今夜はおやすみなさい。

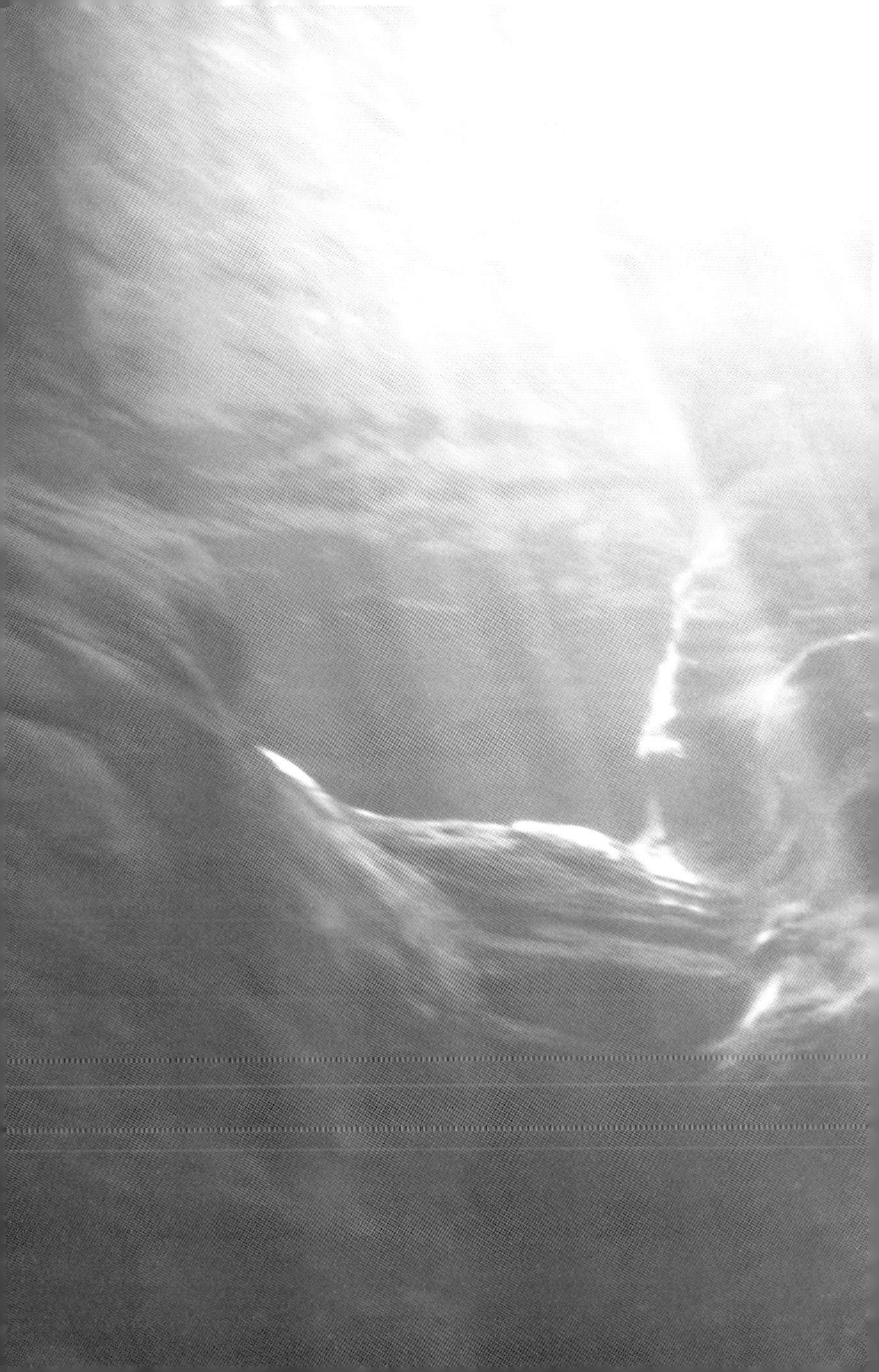

自分探しの旅はやめましょう。

自分ってなんだろう。生きている意味ってなんだろうと、迷路に入り込んでいませんか。自分にとっての自分を考えること、それは鏡に映った自分を見つづけるのと同じです。

美しいと思って見とれても、醜いと思って悔やんでも、その行為にいったいなんの意味がありますか。

自分に関することはすでにわかっています。

まだわからないことは、今いくら考えてもわかりません。それが自分なんです。

本当に自分を見つけたかったら、人から学んでください。あなたの価値は、あなたが想像して作りあげるものではなく、他人が判断するものです。

他人があなたに向けた笑顔が、自分とは何か、生きる意味は何かを教えてくれるでしょう。

悩みは自分にこだわりすぎるところから生まれます。

自分なんてどうでもいい。

自分を使って、人のために何かできれば。それが幸せなんです。

ことばは恐ろしいものです。
ことばはもうひとりの自分を作り上げます。
本当の自分を、作られたもうひとりの自分に合わせてしまいます。

「苦しい」といえば、もっと苦しくなります。
「死にたい」といえば、本当に死にたくなります。
ことばは、それを語った人に責任を取らせるのです。
語りつづければ、いつの間にかその人の人生を支配します。
どうかことばを、いい加減にあつかわないでください。

大人も子どもも、よくしゃべります。

一日中いたるところで、ことばが飛びかっています。

優しさも、友情も、愛も、死も、すべてことばで語られています。

携帯電話やパソコンの中でも意味のないことばが行きかっています。

みんな寂しさを、ことばで埋めつくそうと必死なんです。


でもことばは恐ろしいものです。

たとえ何げなく感じたことでも、それをことばにしたり、文字にすると、いつの間にかそれが本当のことになってしまいます。

「私は寂しい」と言えば、相手にとって「寂しがり屋」という見せかけの姿を作り、あなた自身も「私は寂しがり屋だ」という想いを強くしてしまいます。

また「愛している」「がんばります」と言ったにもかかわらず、それが現実にならないと、相手を傷つけたり、まわりに迷惑をかけることがあります。

ことばは語った時に、その人の生きかたを決めてしまうんです。

「哀しい」と言うより、哀しい顔をしてください。

「がんばります」と言うより、自分のできることをゆっくりすればいい。

そこに答えがあります。

人と人はことばではなく、
ふれあいでつながるものです。

君が大事だ、いつも心配してる、しっかりして、
と言われるよりも、ずっとそばにいてほしい。
ただそばにいてほしい。
それが人の求める愛です。

人が求めているのは、優しいことばではありません。心配でもありません。ちがうはずです。

一緒にいてくれること。自分のために実際に動いてくれること。

それが大事なんです。

もし苦しんでいる友だちがいたら、なるべく長くそばにいてあげてください。

ことばはいりません。

苦しんでいる子に「かわいそう」と言えば、その子をもっと追い込むことになります。苦しむことを止めようとしてはいけません。

〝苦しみ〟は心の叫び、生きているからなんです。それを「やめろ」と言うのは、「死ね」と言うのと変わりません。結局、その子は自分の力で打ち勝っていくしかない。

だから何も言わず、ずっと同じ目線で、ただそばにいてあげてください。

夜の世界は、嘘だらけの世界です。
とても魅力的に見えますが、それは見せかけだけのものです。
本当は人と人がだまし合い、つぶし合う、とても汚い世界です。

今、夜の街で生きている人は、
どうか昼の世界に戻ってきてください。
幸せは、明るい太陽の下にしか存在しません。
その幸せに早く気づいてください。

夜の世界は居心地のいい場所です。
ネオンの彩りが美しく、甘くて優しいことばに満ちています。
子どもが喜びそうなものは、なんでもそろっています。
でも、すべては作り物です。
昼間の太陽の下で、夜の世界を観察してみてください。
腐ったごみがあふれ、不健康な人々がたむろし、物陰をネズミや害虫が走っています。
あなたはこんな世界に住みたいですか。
私は絶対に住んでほしいと思いません。

あなたは花の種を持っていて、いつかかならずその花を咲かせるはずです。

これからその種を見つけ、時間をかけて、大事に育てていかなければいけません。
その栄養になるのは愛の力です。
夜の世界に愛はありません。
明るい太陽の下、昼の世界でたっぷりと愛を受けてください。
あなたならできるはずです。

血を流したり、吐いたりすれば、
誰かが病院へ連れていってくれます。
でも心の病気は……

いくら苦しいといっても、
誰も病気だと思ってくれずに
「甘えるな」「がんばれ」と片付けられてしまう。
でも、訴えてください。
病気は、放っておくととても危険です。

病気は、愛や罰の力で治すことができません。

専門の医師の治療が必要です。

心の病気も同じことです。

放置すれば、命にも関わる重大な問題です。


今、心を病んでいる子どもにお願いです。

まずは医師に相談してください。

医師から、今後の治療方法と、その結果についての予測を聞いてください。

医師には告知義務があります。

その回答に納得できなかったら、身の回りで一番信頼できる大人に相談し、その大人から医師に直接確認してもらってください。それでも納得できなければ医師を変えましょう。また、自分のことを考えるのをやめ、自分を助けてくれる人々に意識を向けてください。病んでいる自分のことを、病んでいる自分が考えても救いはありません。お願いします。

大きなことを考えるのはやめましょう。
人は、今の自分の手に余ることはできません。

可能性を求めるのは無駄です。

可能性は、
ただ生きていく中で、結果として生まれるものです。
求めるものではありません。
今、明日のためにできることを、少しずつやりましょう。
少しずつ成長しましょう。
その積み重ねこそが、君に与えられた可能性です。

人は生きている以上、なにか仕事をしなければいけません。どんなことでもいい。でも、お金を手に入れるために嫌々するのではなく、できれば想いを貫き、優しさを盛り込み、かかわった人みんなを笑顔にしてほしい。

そういう人間を、社会は粗末にしません。

大きく考える必要はありません。

結局、人は手のひらの上のことしかできないんです。

いろんな可能性があるように錯覚してしまう人もいるけれど、可能性というものは、生きていく中で、結果として、少しずつ出てくるものなんです。

そしてそのためには、今をちゃんと生きなきゃならない。

だから今、明日のためにやれることを少しだけやればいい。

明日がまた今になって、少しずつ少しずつ成長していくんです。

まじめなほど、
なんでも完璧にやりとげようとして、
失敗し、自分を追い詰めてしまいます。

心の傷が深いほど、

その傷を埋めようと必死になって

さらに傷ついてしまいます。

がんばらなくてもいいんです。

生きていてくれさえすれば、それでいいんです。

まわりの人たちは、あなたに期待しているかもしれません。

でも失敗しても、自分を「ダメな人間だ」と責めないでください。

失敗してはいけないという理由はどこにもありません。

人はよく失敗するものです。それが人の特徴だからです。


あなたの人生は、もちろんあなた自身のものです。

まわりの誰もが、たとえ親でも、あなたの行動を注意することはできても、あなた自身を非難したり、操ることはできません。

多くの大人が自分勝手に、自分の夢を、子どもを使って描こうとしています。

許せないことです。

でもあなたは、誰の言うことも聞く必要はありません。

自分の心のおもむくままに生きてください。

ただし自分で決めたこと、やったことには、自分で責任を持つこと。
それさえできれば、あなたは自由なんです。

明日は、自分では作れません。

人のために優しさをくばって、人のために生きて、
そうすれば、明日は自然にやってきます。

人間はみんな、弱い存在だと思っています。
もちろん私も、弱い存在です。でも強くもなれる。
私は子どもたちのためなら強いです。
お互いに支えあう関係だからこそ、お互いに強く生きていける。
ずっとひとりでも生きていけるという人もいますが、私にはとてもできません。
そんなに強いですか。いつまでもひとりで強くいられますか。
少しでいいです。考えてみてください。

私はとても幸せに生きています。
それは、人のために生きる喜びを知ったからです。
自分にこだわった生きかたは、とても苦しいものでした。
自分を必要としている人のために生きるのは、とても幸せだし、なによりも楽です。
今、私にはあなたが必要です。
きっと何かの役に立てると思います。
よかったら一緒に生きてみませんか。

おわりに

この本には、救いはありません。
本を読んで解決する程度の悩みは、
読む前から解決しています。
頭で理解するだけでは何も変わりません。

自分の力で動き出さない限り、
幸せにはなれません。

まずは素直にありのままの自分を受け入れ、
外に目を向けてください。
美しい自然に触れたり、
本や映画に楽しみを求めてください。
そこがスタートです。

おとなたちへ

今の社会は攻撃的な社会です。

会社で上司に「なにやってるんだ!」と怒鳴られた父親が、家に帰って「まだ風呂がわいてないのか!」と妻に怒鳴る。夫に怒鳴られた母親は、「こんなひどい点数をとって!」と子どもにあたる。社会のイライラがすべて子どもたちに集約されています。

そのせいで心をパンパンに膨らませた一部の子どもたちは、ガスぬきを求めて夜の街に集まり、大人に復讐しようとします。女の子は援助交際や風俗などに走り、誰かにかわいがられることで、気持ちをまぎらわせようとします。でも多くの優しい子は自分を責めるんです。「自分が悪いんだ」って。

純粋で、心がきれいな子ほど心を病みます。さまざまな問題を抱えている子に共通しているのは、みんなものすごく優しいということです。

でも自信がない。自己肯定感を持てない。それは、家庭や学校で「おまえはできない」「ダメな子だ」「おまえなんて産まなければよかった」と徹底的に痛めつけられているからです。

子どもはみんな花の種です。時期を待てばかならず花を咲かせます。怒鳴ったり小突いたところで何も生まれません。私たちにできるのは、子どもの背中をそっと押すか、見守ることだけなんです。

親たちはことばを使いすぎます。ことばはいりません。ただ、子どもに寄り添うだけでいいんです。哀しいときは一緒に哀しい顔をして、うれしいときは一緒にうれしい顔をする。子どもに寄り添うというのはそういうことです。決して難しいことじゃありません。

家の中をきれいにしてください。潔癖にならなくてもいいから、きれいにしてください。そして温かいご飯を食べさせて、一日五回以上、ほめてあげてください。それだけで全然違う。はじめから難しく考える必要はありません。子育ては小さなことの積み重ねです。みんなそういう単純なことを忘れて、ことばだけで子どもと接しようとする。だから間違えるんです。

親という権利を行使する前に、どうかまずはひとりの人間として子どもと向き合ってください。お願いします。

水谷 修 (みずたに おさむ)

1956年横浜生まれ。上智大学文学部哲学科卒業。教師生活のほとんどを少年の非行・薬物問題に捧げ、「夜回り」と呼ばれる深夜パトロールを行いながら、若者の更生に尽力。また、各種メディアの出演や日本各地での講演を通して、少年非行の実態を広く社会に訴え続けている。第17回東京弁護士会人権賞受賞。主な著書に『夜回り先生』『夜回り先生と夜眠れない子どもたち』(サンクチュアリ出版)、『さらば、哀しみの青春』(高文研)、『さよならが、いえなくて』(日本評論社)など。

水谷修ホームページ「夜回り先生」
http://www.sanctuarybooks.jp/mizutani/

夜回り先生

著：水谷　修

12年間夜の街を回り、５０００人の生徒と向き合った
「夜回り先生」が激動の半生を振り返る。
なぜ夜の街の子どもたちが、水谷先生にだけは「心をひらく」
のか、その答えがこの一冊におさめられている。

日本中が涙した、感動のノンフィクション。

定価：本体1470円（税込）

夜回り先生

と夜眠れない子どもたち

著：水谷修

いいんだよ、過去のことは。
不登校、非行、リストカット、薬物乱用…
子どもは、大人たちになにを求めているのか？
大人は、子どもたちに一体なにができるのか？
「夜回り先生」水谷修が13年間の夜回りで見つけた、
たったひとつの答え。

感動のノンフィクション第二弾。

定価：本体1470円（税込）

こどもたちへ〜夜回り先生からのメッセージ

2005年9月10日　初版発行
2005年9月20日　第二刷発行

著　水谷修
写真　疋田千里
装幀・デザイン　井上新八

発行者　鶴巻謙介

発行／発売　株式会社サンクチュアリ・パブリッシング
（サンクチュアリ出版）
東京都新宿区荒木町13-9 サンワールド四谷ビル
〒160-0007
TEL 03-5369-2535／**FAX** 03-5369-2536
URL：http://www.sanctuarybooks.jp/
（携帯電話にも対応）
E-mail：info@sanctuarybooks.jp

印刷／製本　中央精版印刷株式会社

※本書に掲載されている人物、建物、風景等の写真は、あくまでもイメージ写真であり、本書の内容とは一切関係ありません。

PRINTED IN JAPAN
定価およびISBNコードはカバーに記載してあります。
落丁本・乱丁本は送料小社負担にてお取替えいたします。